Britta Kummer

Kummers süße Verführungen

Satz: Britta Kummer
Covergestaltung: Britta Kummer
Webseite: http://brittasbuecher.jimdofree.com
E-Mail: info.britta-kummer@t-online.de

Fotos © privat

Illustrationen Renate Anna Becker
https://www.markus-und-reni.de/

ISBN: 978-3-7562-2368-8

Herstellung und Verlag:
BoD - Books on Demand, Norderstedt
www.bod.de

MIX
Papier aus verantwortungsvollen Quellen
Paper from responsible sources
FSC® C105338

FSC
www.fsc.org

Britta Kummer

Kummers süße Verführungen

INHALTSVERZEICHNIS

Dieses Kochbuch hat keine Fotos zu den einzelnen Gerichten. Ebenso gibt es keine Nährwertangaben, da diese auf fast allen Lebensmitteln angegeben sind.
Viel Spaß beim Nachkochen und guten Appetit.

Vorwort

Sie mögen es süß und sind ständig auf der Suche nach neuen Rezepten? Dann sind „Kummers süße Verführungen" genau richtig für Sie. Hier kommen große und kleine Schleckermäulchen voll auf ihre Kosten.

Und auch die, die aus was für Gründen auch immer darauf achten, nicht so viel Industriezucker/raffinierten Zucker zu sich zu nehmen, finden schmackhafte Rezepte, die ihren Reiz haben und einfach nur himmlisch lecker sind.

Kummers wünschen Ihnen viel Spaß beim Nachkochen und guten Appetit!

Waffeln

Waffeln sind sehr beliebt. Es gibt sie in zahlreichen Formen. Sie sind nicht schwer zuzubereiten und schmecken immer. Für die Herstellung des Teiges gibt es ebenso zahlreiche Varianten. Hier entscheidet der persönliche Geschmack. Sogar ohne Mehl lassen sich diese Köstlichkeiten zubereiten, was dem Geschmack aber nicht schadet. Und beim Belag sind der Fantasie keine Grenzen gesetzt.

Haferflocken-Waffeln

Zutaten:

- 3 Bananen
- 150 g Haferflocken
- 250 ml Soja-Vanillemilch
- 1 EL Ahornsirup

Zubereitung:

Bananen schälen und mit einer Gabel zerdrücken. Dann zusammen mit den Haferflocken, Soja-Vanillemilch und Ahornsirup zu einem Teig verrühren.

Die Waffeln nach und nach in einem heißen, gefetteten Waffeleisen goldbraun backen. Vor dem Verzehr etwas abkühlen lassen.

Mandel-Waffeln

Zutaten:

- 3 Eier
- 150 g Butter
- 100 g Zucker
- 50 g Speisestärke
- 1 TL Backpulver
- 100 g gemahlene Mandeln

Zubereitung:

Eier trennen. Eiweiß steif schlagen. Eigelb mit Butter und Zucker schaumig rühren. Speisestärke, Backpulver und Mandeln mischen und mit dem Eigelb zu einem Teig verrühren. Dann das Eiweiß vorsichtig unterheben.

Die Waffeln nach und nach in einem heißen, gefetteten Waffeleisen goldbraun backen. Vor dem Verzehr etwas abkühlen lassen.

Dinkel-Quark-Waffeln

Zutaten:

- 150 g Dinkelmehl
- 100 g Magerquark
- 2 Eier
- 1 Prise Salz
- 3 EL Zucker
- 1 Tütchen Vanillezucker
- 80 ml Milch
- 3 EL Puderzucker

Zubereitung:

Eier trennen. Eiweiß mit Salz steifschlagen. Eigelb mit Zucker schaumig rühren.

Dinkelmehl, Magerquark, Vanillezucker und Milch mit dem Eigelb zu einem Teig verrühren. Dann das Eiweiß vorsichtig unterheben.

Die Waffeln nach und nach in einem heißen, gefetteten Waffeleisen goldbraun backen. Vor dem Verzehr etwas abkühlen lassen und mit Puderzucker bestreut servieren.

Butter-Vanille-Waffeln

Zutaten:

- 300 g Weizenmehl
- 1 TL Backpulver
- 200 g Butter
- 100 g Zucker
- 4 Eier
- 200 g Magerquark
- 150 ml Vanillemilch
- 100 ml Schlagsahne
- 1 Tütchen Vanillezucker

Zubereitung:

Weizenmehl mit Backpulver vermengen. Butter cremig rühren.

Vanillezucker, Eier, Magerquark und Vanillemilch mit der Butter vermengen. Dann die Mehlmischung unterheben und zu einem Teig verrühren.

Die Waffeln nach und nach in einem heißen, gefetteten Waffeleisen goldbraun backen. Vor dem Verzehr etwas abkühlen lassen. Schlagsahne mit Zucker steif schlagen und zusammen mit den Waffeln servieren.

Mais-Waffeln

Zutaten:

- 160 g Maismehl
- 160 g Maisstärke
- 1 TL Backpulver
- 6 Eier
- 150 g Zucker
- 250 ml Hafermilch
- 3 EL Ahornsirup

Zubereitung:

Eier trennen. Eiweiß steifschlagen. Eigelb mit Zucker schaumig rühren.

Maismehl, Backpulver und Maisstärke vermischen. Nun zusammen mit der Hafermilch zu dem Eigelb geben und zu einem Teig verrühren. Dann das Eiweiß vorsichtig unterheben.

Die Waffeln nach und nach in einem heißen, gefetteten Waffeleisen goldbraun backen. Vor dem Verzehr etwas abkühlen lassen und mit Ahornsirup beträufelt servieren.

Puderzucker-Waffeln

Zutaten:

- 250 g Dinkelmehl
- 125 g Butter
- 350 g Mandelmilch
- 125 g Zucker
- 1 Tütchen Vanillezucker
- ½ Tütchen Backpulver
- 3 - 4 EL Puderzucker

Zubereitung:

Dinkelmehl mit Backpulver vermengen.

Butter cremig rühren. Zucker, Vanillezucker und Mandelmilch mit der Butter vermengen. Dann die Mehlmischung unterheben und zu einem Teig verrühren.

Die Waffeln nach und nach in einem heißen, gefetteten Waffeleisen goldbraun backen. Vor dem Verzehr etwas abkühlen lassen und mit Puderzucker bestreut servieren.

Zimt-Waffeln

Zutaten:

- 125 g Butter
- 50 g Zucker
- 1 Prise Salz
- 4 Eier
- 250 g Weizenmehl
- 1 TL Backpulver
- 250 ml Buttermilch
- 1 EL Zimt

Zubereitung:

Butter, Zucker, Salz und Eier schaumig rühren.

Weizenmehl, Backpulver und Zimt mischen und zu der Eimasse geben. Nun die Buttermilch zufügen und zu einem Teig verrühren.

Die Waffeln nach und nach in einem heißen, gefetteten Waffeleisen goldbraun backen. Vor dem Verzehr etwas abkühlen lassen.

Waffeln mit Pflaumenkompott

Zutaten:
Zutaten für das Pflaumenkompott:
- 500 g Pflaumen
- 100 g Zucker
- 50 ml Wasser
- 1 Zimtstange
- 1 Päckchen Bourbon-Vanille

Zutaten für die Waffeln:
- 100 g brauner Zucker
- 500 g Vollkornmehl
- 500 ml Mandelmilch
- 1 Prise Salz
- 2 EL Backpulver
- 100 ml Mineralwasser

Zubereitung:
Pflaumen waschen, halbieren und entsteinen. Dann mit Zucker, Wasser, Zimtstange und Bourbon-Vanille in einem Topf aufkochen. Die Früchte bei schwacher Hitze weich kochen, dabei immer wieder umrühren, damit nichts anbrennt.

Vollkornmehl, Salz, Backpulver und Zucker vermengen. Mandelmilch sowie Mineralwasser zufügen und zu einem Teig verrühren.

Die Waffeln nach und nach in einem heißen, gefetteten Waffeleisen goldbraun backen. Vor dem Verzehr etwas abkühlen lassen und mit dem Pflaumenkompott bestrichen servieren.

Weihnachtswaffeln

Zutaten:

- 150 g Butter
- 50 g flüssiger Honig
- 4 Eier
- 300 g Joghurt
- 400 g Dinkelmehl
- 1 TL Backpulver
- 25 g Zitronat
- 25 g Rosinen
- 50 g gehackte Haselnüsse
- 1 Prise Salz
- ½ TL Zimt
- 1 Prise Lebkuchengewürz
- 200 ml Orangensaft

Zubereitung:

Butter und Honig schaumig rühren.

Eier trennen. Eiweiß mit Salz steifschlagen. Eigelb mit Joghurt verrühren und zu der Butter geben. Dinkelmehl, Backpulver, Zitronat, Rosinen, Halsnüsse, Zimt, Lebkuchengewürz und Orangensaft zufügen und zu einem Teig verrühren. Dann das Eiweiß vorsichtig unterheben.

Die Waffeln nach und nach in einem heißen, gefetteten Waffeleisen goldbraun backen. Vor dem Verzehr etwas abkühlen lassen.

Pfannkuchen

Pfannkuchen sind ähnlich wie Crêpes. Jedoch ist der Teig zähflüssiger und der Pfannkuchen wird dicker ausgebacken. Mehlsorten wie z.B. Weizenmehl, Buchweizenmehl, Vollkornmehl oder Dinkelmehl eignen sich gut für den Teig. Hier entscheidet der persönliche Geschmack. Sogar ohne Mehl lassen sich diese Köstlichkeiten zubereiten, was dem Geschmack aber nicht schadet. Und beim Belag sind der Fantasie keine Grenzen gesetzt.

Quark-Apfelmus-Pfannkuchen

Zutaten:
- 120 ml Milch
- 70 g Magerquark
- 4 Eier
- 1 Tütchen Puddingpulver mit Vanille-Geschmack
- 150 g Apfelmus
- 1 Prise Salz
- Butter zum Ausbacken

Zubereitung:
Milch, Magerquark, Eier, Puddingpulver und Salz zu einem Teig verrühren. Diesen etwa 15 Minuten bei Zimmertemperatur ruhen lassen.

Butter in einer Pfanne erhitzen, Teig zufügen und die Pfannkuchen darin von beiden Seiten hellbraun backen.

Pfannkuchen auf Teller anrichten und mit Apfelmus bestreichen.

Haferflockenpfannkuchen mit Zimt und Zucker

Zutaten:
- 120 g Haferflocken
- 300 ml Milch
- 3 Eier
- 1 Tütchen Vanillezucker
- 3 EL Zimt
- 3 EL brauner Zucker
- Butter zum Ausbacken

Zubereitung:
Haferflocken mit Milch vermischen und etwa 20 Minuten bei Zimmertemperatur quellen lassen.

Eier und Vanillezucker unterheben und zu einem Teig verrühren.

Butter in einer Pfanne erhitzen, Teig zufügen und die Pfannkuchen darin von beiden Seiten hellbraun backen.

Pfannkuchen auf Teller anrichten. Braunen Zucker mit Zimt vermischen und die Pfannkuchen damit bestreuen.

Bananen-Pfannkuchen

Zutaten:

- 3 Bananen
- 6 Eier
- 1 EL Kakaopulver
- 1 TL Backpulver
- 3 EL brauner Zucker
- Butter zum Ausbacken

Zubereitung:

Bananen schälen und pürieren.

Eier, Kakaopulver und Backpulver zufügen und zu einem Teig verrühren. Diesen etwa 5 Minuten bei Zimmertemperatur ruhen lassen.

Butter in einer Pfanne erhitzen, Teig zufügen und die Pfannkuchen darin von beiden Seiten hellbraun backen.

Pfannkuchen auf Teller anrichten und mit braunem Zucker bestreuen.

Apfel-Pfannkuchen

Zutaten:
- 2 Äpfel
- 200 g Weizenmehl
- 1 Prise Salz
- 1 Tütchen Vanillezucker
- 4 Eier
- 300 ml Milch
- 3 EL brauner Zucker
- Butter zu Ausbacken

Zubereitung:
Weizenmehl, Salz, Vanillezucker, Eier und Milch zu einem Teig verrühren. Diesen etwa 15 Minuten bei Zimmertemperatur ruhen lassen.

Äpfel schälen, halbieren, Kerngehäuse entfernen und das Fruchtfleisch in kleine Würfel schneiden. Dann unter den Teig heben.

Butter in einer Pfanne erhitzen, Teig zufügen und die Pfannkuchen darin von beiden Seiten hellbraun backen.

Pfannkuchen auf Teller anrichten und mit braunem Zucker bestreuen.

Blaubeer-Pfannkuchen

Zutaten:

- 100 g Blaubeeren
- 100 ml Wasser
- 1 EL gehackte Mandeln
- 250 g Dinkelvollkornmehl
- 500 ml Milch
- 3 Eier
- 1 Prise Salz
- Butter zum Ausbacken

Zubereitung:

Dinkelvollkornmehl, Milch, Eier und Salz zu einem Teig verrühren. Diesen etwa 15 Minuten bei Zimmertemperatur ruhen lassen.

Butter in einer Pfanne erhitzen, Teig zufügen und die Pfannkuchen darin von beiden Seiten hellbraun backen.

Blaubeeren waschen. Dann zusammen mit den Mandeln und Wasser unter Rühren in einem Topf etwas einköcheln lassen.

Pfannkuchen auf Teller anrichten und mit der Blaubeer-Mandel-Masse bestreichen.

Preiselbeer-Pfannkuchen

Zutaten:

- 250 g Buchweizenmehl
- 500 ml Sojamilch
- 1 Prise Salz
- 1 Tütchen Vanillezucker
- 6 EL Preiselbeeren
- Butter zum Ausbacken

Zubereitung:

Buchweizenmehl, Sojamilch, Salz und Vanillezucker zu einem Teig verrühren. Diesen etwa 15 Minuten bei Zimmertemperatur ruhen lassen.

Butter in einer Pfanne erhitzen, Teig zufügen und die Pfannkuchen darin von beiden Seiten hellbraun backen.

Pfannkuchen auf Teller anrichten und mit Preiselbeeren bestreichen.

Birnen-Grieß-Pfannkuchen

Zutaten:
- 2 Birnen
- 200 g Vollkorngrieß
- 450 ml Vanillemilch
- 1 Prise Salz
- 3 Eier
- 3 EL brauner Zucker
- Butter zum Ausbacken

Zubereitung:
Birnen schälen, halbieren, Kerngehäuse entfernen und das Fruchtfleisch in kleine Würfel schneiden.

Grieß, Vanillemilch und Salz in einem Topf aufkochen. Vom Herd nehmen und etwas abkühlen lassen. Nun die Eier und Birnen unterheben und zu einem Teig verrühren.

Butter in einer Pfanne erhitzen, Teig zufügen und die Pfannkuchen darin von beiden Seiten hellbraun backen.

Pfannkuchen auf Teller anrichten und mit braunem Zucker bestreuen.

Nuss-Nougat-Pfannkuchen

Zutaten:

- 225 g Weizenmehl
- 375 ml Milch
- 6 Eier
- 3 EL Puderzucker
- 3 EL Nuss-Nougat-Creme
- Butter zum Ausbacken

Zubereitung:

Weizenmehl, Milch, Eier und Puderzucker zu einem Teig verrühren. Diesen etwa 15 Minuten bei Zimmertemperatur ruhen lassen.

Butter in einer Pfanne erhitzen, Teig zufügen und die Pfannkuchen darin von beiden Seiten hellbraun backen.

Pfannkuchen auf Teller anrichten und mit der Nuss-Nougat-Creme bestreichen.

Pfannkuchen mit Ahornsirup

Zutaten:
- 75 g Sojamehl
- 150 ml Milch
- 3 Eiweiß
- 1 Prise Salz
- 1 TL Backpulver
- 3 EL Ahornsirup
- Butter zum Ausbacken

Zubereitung:
Sojamehl, Milch, Eiweiß, Salz und Backpulver zu einem Teig verrühren. Diesen etwa 15 Minuten bei Zimmertemperatur ruhen lassen.

Butter in einer Pfanne erhitzen, Teig zufügen und die Pfannkuchen darin von beiden Seiten hellbraun backen.

Pfannkuchen auf Teller anrichten und mit Ahornsirup beträufeln.

Honig-Schoko-Pfannkuchen

Zutaten:
- 250 g Weizenmehl
- 4 Eier
- 1 EL Kakaopulver
- 500 ml Milch
- 1 Prise Salz
- 3 EL flüssiger Honig
- Butter zum Ausbacken

Zubereitung:
Weizenmehl, Eier, Salz, Kakaopulver und Milch zu einem Teig verrühren. Diesen etwa 15 Minuten bei Zimmertemperatur ruhen lassen.

Butter in einer Pfanne erhitzen, Teig zufügen und die Pfannkuchen darin von beiden Seiten hellbraun backen.

Pfannkuchen auf Teller anrichten und mit Honig beträufeln.

Pfannkuchen-Röllchen

Zutaten für die Pfannkuchen:
- 50 g Vollkornmehl
- 25 g gemahlene Hirse
- 1 Ei
- 125 ml Milch
- 50 ml Mineralwasser
- Butter zum Ausbacken

Zutaten für die Füllung:
- 150 g Blaubeeren (Glas)
- 150 g Ricotta
- 50 g Mandelblättchen
- 1 EL Maisstärke
- 1 - 2 EL Puderzucker

Zubereitung:
Blaubeeren in einem Sieb abtropfen lassen. Dabei die Hälfte des Saftes auffangen. Blaubeeren mit Flüssigkeit und Maisstärke in einem Topf einköcheln lassen. Etwas abkühlen lassen und Ricotta und Mandelblättchen unterheben.

Ei trennen. Eiweiß steif schlagen. Eigelb, Vollkornmehl, Hirse, Mineralwasser und Milch zu einem Teig verrühren. Dann das Eiweiß vorsichtig unterheben.

Butter in einer Pfanne erhitzen, Teig zufügen und die Pfannkuchen darin von beiden Seiten hellbraun backen.

Pfannkuchen auf einem Teller anrichten, mit der Blaubeer-Ricotta-Masse bestreichen und zusammenrollen. Mit Puderzucker bestreut servieren.

Crêpes

Crêpes sind hauchdünne französische Pfannkuchen, die süß wie auch herzhaft verzehrt werden. Hier sind der Fantasie keine Grenzen gesetzt. Den fertigen Crêpe mit der Füllung Ihrer Wahl bestreichen, zusammenklappen oder rollen, fertig.

Grundrezept für Crêpes

Zutaten:

- 160 g Mehl
- 1 Prise Zucker
- 1 Prise Salz
- 2 Eier
- 250 ml Milch
- Butter zum Ausbacken

Zubereitung:

Mehl mit Zucker und Salz vermischen. Eier und Milch hinzufügen und zu einem glatten Teig verrühren.

Butter in einer Pfanne erhitzen, Teig zufügen und nach und nach dünne Crêpes (nicht zu dunkel) ausbacken.

Ideen für den Belag/Füllung:

- Mit Zucker bestreuen
- Mit Zimt bestreuen
- Mit Marmelade bestreichen
- Mit Nuss-Nougat-Creme bestreichen
- Mit Apfelmus bestreichen
- Mit Zuckerrübensirup bestreichen
- Frische Früchte darauf verteilen

- **Pistazienquark**
Zutaten:
100 g Quark
1 EL gehackte Pistazien
1 EL flüssiger Honig
Zubereitung:
Quark mit gehackten Pistazien und flüssigem Honig verrühren.
Masse auf die Crêpes verteilen und diese dann zusammenklappen oder zusammenrollen.

- **Himbeeren mit Vanillejoghurt**
Zutaten:
50 g Himbeeren
100 g Vanillejoghurt
1 EL flüssiger Honig
Zubereitung:
Himbeeren waschen, trocken tupfen und halbieren. Dann mit dem Vanillejoghurt und Honig verrühren.
Masse auf die Crêpes verteilen und diese dann zusammenklappen oder zusammenrollen.

• Äpfel mit Nüssen

Zutaten:

2 Äpfel

100 g Vanillezucker

1 EL gehackte Nüsse

2 - 3 EL Wasser

Zubereitung:

Äpfel schälen, Kerngehäuse entfernen und das Fruchtfleisch in Würfel schneiden. Dann zusammen mit dem Vanillezucker und Wasser unter Rühren in einem Topf etwas einköcheln lassen. Wenn alles etwas eingedickt ist die gehackten Nüsse unterheben.

Masse auf die Crêpes verteilen und diese dann zusammenklappen oder zusammenrollen.

• Birnen mit Rosinen

Zutaten:

2 Birnen

100 g Vanillezucker

1 EL Rosinen

2 - 3 EL Wasser

Zubereitung:

Birnen schälen, Kerngehäuse entfernen und das Fruchtfleisch in Würfel schneiden. Dann zusammen mit dem Vanillezucker, Rosinen und Wasser unter Rühren in einem Topf einköcheln lassen, bis alles etwas eingedickt ist.

Masse auf die Crêpes verteilen und diesen zusammenklappen oder zusammenrollen.

● Erdbeer- Hüttenkäse-Creme

Zutaten:

100 g Erdbeeren

100 g Hüttenkäse

2 EL Ahornsirup

Zubereitung:

Erdbeeren putzen und in Stücke schneiden. Dann zusammen mit dem Hüttenkäse und Ahornsirup verrühren.

Masse auf die Crêpes verteilen und diese dann zusammenklappen oder zusammenrollen.

● Bananen-Erdnussbutter

Zutaten:

2 reife Bananen

100 g Erdnussbutter

Zubereitung:

Bananen schälen und in schmale Scheiben schneiden. Erdnussbutter auf die Crêpes streichen, die Bananenscheiben darauf legen und die Crêpes zusammenklappen oder zusammenrollen.

Fingerfood

Egal ob bei einer Party, Feier oder Picknick. Fingerfood erfreut jeden und ist immer ein Genuss. Wer kann schon zu kleinen Snacks zum Naschen Nein sagen? Man kann viele Geschmacksrichtungen ausprobieren und der Experimentierfreudigkeit sind keine Grenzen gesetzt.

Aprikosen-Nuss-Bällchen

Zutaten:

- 100 g getrocknete Aprikosen
- 100 g Rosinen
- 100 g gehackte Nüsse
- 100 g Mandeln

Zubereitung:

Mandeln sehr fein malen.

Aprikosen, Rosinen und Nüsse in einer Küchenmaschine fein zerkleinern.

Mit feuchten Händen Bällchen daraus formen und diese in den Mandeln wälzen.

Honig-Riegel

Zutaten:

- 120 g Weizenmehl
- 300 g Haferflocken
- 2 - 3 TL Zimtpulver
- 200 g flüssiger Honig
- 120 g Apfelmus
- 100 g Rosinen
- 3 EL Sonnenblumenkerne

Zubereitung:

Weizenmehl, Haferflocken und Zimt vermischen. Honig und Apfelmus zugeben und gut miteinander vermengen. Rosinen und Sonnenblumenkerne unterheben.

Teig auf ein mit Backpapier ausgelegtes Backblech streichen.

Im vorgeheizten Backofen bei 175 Grad etwa 20 Minuten backen. Die Backzeit kann je nach Ofentyp etwas variieren.

Nach dem Abkühlen in Streifen schneiden.

Schoko-Walnüsse

Zutaten:
- 50 halbierte Walnüsse
- 50 g weiße Schokolade
- 50 g Vollmilchschokolade

Zubereitung:
Schokolade in zwei unterschiedlichen Töpfen im Wasserbad schmelzen lassen.

Die Hälfte der Walnüsse durch die weiße Schokolade, die andere Hälfte durch die Vollmilchschokolade ziehen, gut abtropfen und erkalten lassen.

Müsli-Bällchen

Zutaten:

- 50 g Fruchtmüsli
- 50 g Quark
- 3 EL Ahornsirup
- 2 - 3 EL gemahlene Nüsse

Zubereitung:

Müsli, Quark sowie Ahornsirup vermengen.

Mit feuchten Händen Bällchen daraus formen und diese in den gemahlenen Nüssen wälzen.

Karamell-Smacks

Zutaten:

- 200 g Kellogg's Smacks
- 300 g Karamellbonbons
- 3 EL Butter

Zubereitung:

Butter in einem Topf erhitzen. Die Karamellbonbons zufügen und darin unter Rühren auflösen. Nun die Kellogg's Smacks zugeben und verrühren. Darauf achten, dass sie überall mit der Karamellmasse überzogen sind.

Heiße Masse auf ein Backblech streichen und erkalten lassen. Danach in Stücke brechen.

Rosinen-Kokos-Kugeln

Zutaten:

- 100 g Haferflocken
- 140 g Rosinen
- 30 g gehackte Nüsse
- 3 TL Kakaopulver
- 1 EL flüssiger Honig
- 50 ml Apfelsaft
- 150 g Kokosraspeln

Zubereitung:

Haferflocken, Rosinen, Nüsse und Kakaopulver in einer Küchenmaschine fein zerkleinern. Nun den Apfelsaft und Honig unterrühren (Masse sollte leicht matschig, nicht klebend sein, gegebenenfalls noch etwas Apfelsaft zufügen).

Mit feuchten Händen Kugeln daraus formen und diese in Kokosraspeln wälzen.

Schoko-Erdbeeren

Zutaten:

- 500 g Erdbeeren
- 300 g Schokolade
- 150 g Kokosflocken
- Zahnstocher

Zubereitung:

Erdbeeren putzen, waschen und trocken tupfen.

Schokolade schmelzen.

In jede Erdbeere einen Zahnstocher stechen und diese dann in die Schokolade tauchen. Zum Schluss mit Kokosflocken bestreuen.

Vor dem Verzehr abkühlen lassen.

Aufläufe

Aufläufe sind auch in süß ein besonderer Genuss. Man kann sie schnell zubereiten und die meiste Arbeit übernimmt der Ofen. Hier werden der Kochfantasie und Experimentierfreudigkeit wirklich keine Grenzen gesetzt.

Himbeer-Auflauf

Zutaten:
- 80 g Hafer
- 250 g Himbeeren
- 2 Eier
- 1 EL Rosinen
- 2 EL gehackte Nüsse
- 125 g Quark
- 2 EL Ahornsirup
- ca. 150 ml Wasser zum Einweichen für den Hafer
- 80 ml Milch
- Butter für die Form

Zubereitung:
Hafer über Nacht in Wasser einweichen. Dann etwa 30 Minuten bei geringer Wärmezufuhr garen.

Himbeeren waschen und halbieren.

Quark, Eier, Milch und Ahornsirup verrühren. Himbeeren, Rosinen sowie Hafer unter die Masse geben und in einer gebutterten Auflaufform verteilen. Mit Nüssen bestreuen und im vorgeheizten Backofen bei 180 Grad solange backen, bis die Masse gestockt ist. Die Backzeit kann je nach Ofentyp etwas variieren.

Aprikosen-Grieß-Auflauf

Zutaten:

- 100 g Grieß
- 100 g Aprikosen (Dose)
- 2 Eier
- 250 g Quark
- 2 EL Butter
- 2 EL brauner Zucker
- 1 Tütchen Vanillezucker
- 1 Prise Salz
- Butter für die Form

Zubereitung:

Aprikosen in einem Sieb abtropfen lassen, dabei etwas Saft auffangen.

Eier trennen. Eiweiß mit Salz steif schlagen.

Butter, Zucker, Aprikosensaft und Vanillezucker cremig rühren. Nach und nach die Eigelbe untermischen. Nun Quark, Grieß und Aprikosen unterheben. Zum Schluss vorsichtig den Eischnee unterheben.

Masse in eine gebutterte Auflaufform geben.

Im vorgeheizten Backofen bei 180 Grad etwa 50 Minuten backen. Nach der Hälfte der Backzeit den Auflauf abdecken, damit er nicht zu dunkel wird. Die Backzeit kann je nach Ofentyp etwas variieren.

Blaubeer-Auflauf

Zutaten:

- 200 g Blaubeeren
- 2 Eier
- 150 g Quark
- 80 ml Milch
- 1 Tütchen Puddingpulver Vanille
- 2 EL brauner Zucker
- 1 Tütchen Vanillezucker
- 2 EL saure Sahne
- Butter für die Form

Zubereitung:

Blaubeeren waschen und trocken tupfen.

Eier trennen. Eiweiß mit Vanillezucker steif schlagen.

Eigelbe, Milch, saure Sahne, Quark und Puddingpulver vermengen. Dann den Eischnee vorsichtig unterheben.

Eine gebutterte Auflaufform mit braunem Zucker ausstreuen. Darauf die Blaubeeren geben. Quarkmischung darauf verteilen und im vorgeheizten Backofen bei 175 Grad etwa 40 Minuten backen. Die Backzeit kann je nach Ofentyp etwas variieren.

Birnen-Auflauf

Zutaten:

- 500 g Birnen
- 8 altbackene Brötchen (vom Vortag)
- 500 ml Milch
- 50 g brauner Zucker
- 3 Eier
- Butter für die Form

Zubereitung:

Birnen schälen, halbieren, Kerngehäuse entfernen und das Fruchtfleisch in Spalten schneiden.

Brötchen in dünne Scheiben schneiden.

Milch, Zucker und Eier verrühren. Die Brötchenscheiben darin einweichen und 10 Minuten ziehen lassen.

Die Hälfte der Brotmasse in einer gebutterten Auflaufform verteilen. Nun die Birnen darauf legen und mit den restlichen Brötchenscheiben bedecken.

Im vorgeheizten Backofen bei 180 Grad etwa 30 Minuten backen lassen. Die Backzeit kann je nach Ofentyp etwas variieren.

Bananen-Schoko-Auflauf

Zutaten:
- 5 Bananen
- 2 Eier
- 100 g Butter
- 150 g Zucker
- 250 g Weizenmehl
- ½ Tütchen Backpulver
- 125 ml Vanillemilch
- 150 g Zartbitterschokolade
- Butter für die Form

Zubereitung:
Eier mit Butter und Zucker schaumig rühren. Weizenmehl, Backpulver und Vanillemilch zufügen und zu einem Teig verrühren.

Zartbitterschokolade fein raspeln.

Die Hälfte des Teiges in eine gebutterte Auflaufform geben. Bananen schälen, in Scheiben schneiden und auf den Teig legen. Die geraspelte Schokolade darüber streuen. Nun den restlichen Teig darauf verteilen. Im vorgeheizten Backofen bei 200 Grad etwa 50 - 60 Minuten backen. Die Backzeit kann je nach Ofentyp etwas variieren.

Erdbeer-Kokos-Auflauf

Zutaten:

- 100 g Erdbeeren
- 200 g Haferflocken
- 400 ml Mandelmilch
- 2 Eier
- 2 EL brauner Zucker
- 50 g Kokosraspeln
- Butter für die Form

Zubereitung:

Erdbeeren putzen, in Stücke schneiden und zusammen mit den Haferflocken und Kokosraspeln in einer gebutterten Auflaufform verteilen.

Mandelmilch, Eier und Zucker verrühren und auf der Haferflocken-Erdbeer-Masse verteilen.

Im vorgeheizten Backofen bei 180 Grad etwa 35 Minuten backen. Die Backzeit kann je nach Ofentyp etwas variieren.

Milchreis-Auflauf

Zutaten:
- 250 g Milchreis
- 1000 ml Milch
- 3 Eier
- 3 EL brauner Zucker
- 300 g Fruchtcocktail (Dose)
- 1 Tütchen Vanillezucker
- Butter für die Form

Zubereitung:
Milchreis mit der Milch nach Packungsangabe zubereiten.

Fruchtcocktail in einem Sieb abtropfen lassen.

Eier trennen. Eiweiß steif schlagen. Eigelb mit dem Vanillezucker schaumig rühren. Dann zusammen mit dem Fruchtcocktail zu dem Milchreis geben. Zum Schluss vorsichtig den Eischnee unterheben.

Masse in eine gebutterte Auflaufform geben und mit braunem Zucker bestreuen.

Im vorgeheizten Backofen bei 200 Grad etwa 20 - 25 Minuten backen. Die Backzeit kann je nach Ofentyp etwas variieren.

Dessert

Was ist der krönende Abschluss eines jeden Menüs? Für die meisten Menschen ist die Antwort ganz klar: Das Dessert! Kinder bekommen glänzende Augen, wenn davon die Rede ist und auch Erwachsene lassen sich allzu gern damit verwöhnen. Und es braucht nicht einmal viel Zeit und Aufwand, um ein leckeres Dessert zu zaubern.

Weintrauben-Dessert

Zutaten:

- 400 g blaue kernlose Weintrauben
- 200 g Haferkekse
- 1 Tütchen Bourbon-Vanille
- 250 g Magerquark
- 250 g Schlagsahne
- 200 g Frischkäse
- 100 g Vollmilchschokolade

Zubereitung:

Sahne mit der Bourbon-Vanille steif schlagen. Magerquark und Frischkäse verrühren und unter die Sahne heben.

Weintrauben waschen und halbieren.

Haferkekse zerbröseln.

Vollmilchschokolade fein raspeln.

Die Keksbrösel auf dem Boden der Gläser verteilen. Nun darauf die Weintrauben und die Sahne-Quarkmasse geben. Den Vorgang nochmal wiederholen.

Das Dessert mit den Schokoladenraspeln bestreuen.

Himbeer-Quark-Dessert

Zutaten:

- 300 g Himbeeren
- 400 g Quark
- 100 ml Milch
- 100 ml flüssiger Honig
- 1 TL Vanillezucker
- 100 g gehackte Pistazien

Zubereitung:

Himbeeren waschen, pürieren und mit dem Vanillezucker vermengen.
Quark, Milch und Honig cremig rühren.
Quarkcreme in Gläser füllen. Das Himbeermus darauf verteilen und mit
Pistazienkernen bestreuen.

Joghurt-Walnuss-Dessert

Zutaten:
- 400 g Naturjoghurt
- 100 ml Orangensaft
- 1 Tütchen Vanillezucker
- 200 g gehackte Walnüsse
- 100 ml Wasser
- 80 g Zucker

Zubereitung:
Wasser und Zucker in einem Topf aufkochen. Wenn der Zucker sich aufgelöst hat, die Walnüsse zufügen. Dabei immer umrühren, damit die Nüsse nicht anbrennen. Sobald sie vom Zucker umhüllt sind, herausnehmen und beiseite stellen.

Joghurt, Orangensaft und Vanillezucker cremig rühren.

Die Zuckernüsse etwas zerbröseln und dann immer abwechselnd Joghurt, Nüsse, Joghurt, Nüsse in einem Glas schichten.

Johannisbeer-Joghurt-Dessert

Zutaten:
- 500 g rote Johannisbeeren
- 1 EL Zitronensaft
- 500 g Griechischer Joghurt
- 3 EL Ahornsirup

Zubereitung:
Johannisbeeren waschen und von den Rispen abzupfen, dann ¾ der Beeren pürieren.

Joghurt mit Zitronensaft und Ahornsirup cremig rühren.

Abwechselnd Joghurt, Johannisbeerpüree und Joghurt in Gläser füllen. Dann das Dessert mit einigen Johannisbeeren garnieren.

Kiwi-Chiapudding

Zutaten:

- 6 Kiwi
- 200 g Chiasamen
- 500 ml Mandelmilch
- 100 g weiße Schokolade

Zubereitung:

Chiasamen mit Mandelmilch vermengen und über Nacht im Kühlschrank quellen lassen.

Kiwis schälen und in Würfel schneiden.

Schokolade fein raspeln.

Chiapudding in Gläser füllen, Kiwiwürfel darauf verteilen und mit Schokoladenraspeln bestreuen.

Pfirsich-Amaranth-Dessert

Zutaten:
- 200 g Pfirsiche (Dose)
- 300 g Vanillequark
- 100 g Amaranth gepufft

Zubereitung:

Pfirsiche in einem Sieb abtropfen lassen und dann in Würfel schneiden.

Vanillequark cremig rühren. Anschließend die Pfirsichstücke unterheben.

Quarkmasse in Gläser füllen und mit Amaranth bestreuen.

Schoko-Dessert

Zutaten:

- 50 g Vollmilchschokolade
- 50 g Zartbitterschokolade
- 1 EL gehackte Pistazien
- 100 g Creme fraiche
- 50 ml Schlagsahne
- 2 Eiweiß
- 50 g Zucker

Zubereitung:

Vollmilch- und Zartbitterschokolade über Wasserdampf schmelzen lassen.

Eiweiß unter Zugabe der Hälfte des Zuckers steif schlagen. Creme fraiche, restlicher Zucker und aufgelöste Schokolade gut miteinander vermengen. Dann vorsichtig unter das Eiweiß heben.

Masse in Gläser einfüllen und mindestens 2 Stunden im Kühlschrank fest werden lassen. Vor dem Servieren die Sahne steif schlagen, in einen Spritzbeutel füllen und jeweils einen Klecks auf die Schokolade geben. Mit gehackten Pistazien garniert bestreuen.

Amarettini-Mascarpone-Dessert

Zutaten:

- 150 g Amarettinis
- 200 ml Schlagsahne
- 200 g Mascarpone
- 1 Päckchen Vanillezucker
- 250 g Preiselbeeren

Zubereitung:

Amarettinis zerbröseln.

Schlagsahne mit dem Vanillezucker steif schlagen. Dann Mascarpone unterheben.

Gläser abwechselnd mit Preiselbeeren, Mascarpone-Sahne und Amarettinis schichtweise befüllen.

Knusper-Quark

Zutaten:

- 125 g Quark
- 80 g Joghurt
- 2 EL flüssiger Honig
- 2 Bananen
- 1 TL Sonnenblumenkerne
- 1 TL Kokosflocken
- 1 TL Haferflocken
- 1 TL gehackte Mandeln

Zubereitung:

Quark, Joghurt und Honig cremig rühren. Bananen schälen, mit einer Gabel zerdrücken und unter den Quark heben.

Sonnenblumenkerne, Kokosflocken, Haferflocken und Mandeln ohne Zugabe von Fett anrösten, abkühlen lassen und dann mit dem Bananenquark vermischen.

Marmelade

Es geht wirklich nichts über selbstgemachte Marmelade. Sie bringt zu jeder Jahreszeit den Sommer auf den Frühstückstisch. Und nicht nur zum Frühstück ist dieser süße Aufstrich ein Genuss. Er verfeinert auch Pfannkuchen, Waffeln und Crêpes.

Apfel-Möhre

Zutaten:

- 1 kg Äpfel
- 1 kg Möhren
- 100 ml Maracujasaft
- Saft einer Zitrone
- 1 kg Gelierzucker 2:1
- 1 EL flüssiger Honig
- 1 Tütchen Vanillezucker

Zubereitung:

Äpfel schälen, vierteln und das Kerngehäuse entfernen. Möhren schälen und in Stücke schneiden. Dann alles zusammen in einer Küchenmaschine pürieren.

Die Masse in einen hohen Topf geben und den Gelierzucker sowie Maracuja- und Zitronensaft, Honig und Vanillezucker zufügen. Zum Kochen bringen und ab dem Siedepunkt unter ständigem Rühren 4 - 5 Minuten sprudelnd kochen lassen.

Topf von der Kochstelle nehmen. Heiße Marmelade in saubere Gläser füllen, verschließen und diese dann direkt auf den Kopf stellen. Bis zum Verzehr die Gläser auf dem Kopf stehen lassen.

Sauerkirsche-Erdbeere

Zutaten:
- 1 kg entsteinte Sauerkirschen (Glas)
- 1 kg Erdbeeren
- 1 kg Gelierzucker 2:1

Zubereitung:
Sauerkirschen in einem Sieb abtropfen lassen. Dabei etwas Saft auffangen. Erdbeeren waschen und putzen. Dann das Obst zusammen in einer Küchenmaschine pürieren.

Die Fruchtmasse in einen hohen Topf geben und Gelierzucker sowie Kirschsaft zufügen. Zum Kochen bringen und ab dem Siedepunkt unter ständigem Rühren 4 - 5 Minuten sprudelnd kochen lassen.

Topf von der Kochstelle nehmen. Heiße Marmelade in saubere Gläser füllen, verschließen und diese dann direkt auf den Kopf stellen. Bis zum Verzehr die Gläser auf dem Kopf stehen lassen.

Pflaume-Preiselbeere-Zimt

Zutaten:

- 1kg Pflaumen
- 1 kg Preiselbeeren (Glas)
- 200 ml Orangensaft
- 1 kg Gelierzucker 2:1
- 1 TL Zimt

Zubereitung:

Pflaumen waschen, halbieren und die Kerne entfernen. Preiselbeeren in einem Sieb abtropfen lassen und den Saft dabei auffangen. Das Obst zusammen in einer Küchenmaschine pürieren.

Die Fruchtmasse in einen hohen Topf geben und Gelierzucker, Orangensaft, Zimt sowie Preiselbeersaft zufügen. Zum Kochen bringen und ab dem Siedepunkt unter ständigem Rühren 4 - 5 Minuten sprudelnd kochen lassen.

Topf von der Kochstelle nehmen. Heiße Marmelade in saubere Gläser füllen, verschließen und diese dann direkt auf den Kopf stellen. Bis zum Verzehr die Gläser auf dem Kopf stehen lassen.

Grapefruit-Granatapfelkerne

Zutaten:

- 1 kg Grapefruit
- 1 kg Granatapfelkerne (Glas)
- Saft von zwei Limetten
- 1 kg Gelierzucker 2:1
- 1 - 2 Prisen Kardamom
- 1 - 2 Prisen Ingwerpulver

Zubereitung:

Granatapfelkerne in einem Sieb abtropfen lassen. Dabei etwas Saft auffangen. Grapefruit schälen. Darauf achten, dass die weiße Haut komplett entfernt ist. Dann die Grapefruitsfilets heraustrennen. Dann das Obst zusammen in einer Küchenmaschine pürieren.

Die Masse in einen hohen Topf geben und Gelierzucker, Granatapfelsaft, Limettensaft, Kardamom sowie Ingwerpulver zufügen. Zum Kochen bringen und ab dem Siedepunkt unter ständigem Rühren 4 - 5 Minuten sprudelnd kochen lassen.

Topf von der Kochstelle nehmen. Heiße Marmelade in saubere Gläser füllen, verschließen und diese dann direkt auf den Kopf stellen. Bis zum Verzehr die Gläser auf dem Kopf stehen lassen.

Süßkirsche-Anis

Zutaten:

- 2 kg Süßkirschen
- Saft von drei Limetten
- 1 kg Gelierzucker 2:1
- 1 TL Anispulver

Zubereitung:

Kirschen waschen und entsteinen. Dann in einer Küchenmaschine pürieren.

Die Fruchtmasse in einen hohen Topf geben und Gelierzucker, Limettensaft sowie Anis zufügen. Zum Kochen bringen und ab dem Siedepunkt unter ständigem Rühren 4 - 5 Minuten sprudelnd kochen lassen.

Topf von der Kochstelle nehmen. Heiße Marmelade in saubere Gläser füllen, verschließen und diese dann direkt auf den Kopf stellen. Bis zum Verzehr die Gläser auf dem Kopf stehen lassen.

Erdbeere-Pfirsich-Aprikose

Zutaten:

- 1 kg Erdbeeren
- 500 g Pfirsiche
- 500 g Aprikosen
- Saft von 2 Limetten
- 1 kg Gelierzucker 2:1
- ½ TL Lebkuchengewürz

Zubereitung:

Erdbeeren waschen und putzen. Aprikosen waschen, halbieren und die Kerne entfernen. Pfirsiche mit heißem Wasser überbrühen, Schale abziehen, halbieren und die Kerne entfernen. Dann das Obst zusammen in einer Küchenmaschine pürieren.

Die Fruchtmasse in einen hohen Topf geben und Gelierzucker, Limettensaft sowie Lebkuchengewürz zufügen. Zum Kochen bringen und ab dem Siedepunkt unter ständigem Rühren 4 - 5 Minuten sprudelnd kochen lassen.

Topf von der Kochstelle nehmen. Heiße Marmelade in saubere Gläser füllen, verschließen und diese dann direkt auf den Kopf stellen. Bis zum Verzehr die Gläser auf dem Kopf stehen lassen.

Heidelbeere-Apfelmus

Zutaten:

- 1 ½ kg Heidelbeeren
- 500 g Apfelmus ungesüßt
- Saft von 1 Limette
- 1 kg Gelierzucker 2:1

Zubereitung:

Heidelbeeren waschen. Dann zusammen mit dem Apfelmus in einer Küchenmaschine pürieren.

Die Fruchtmasse in einen hohen Topf geben und Gelierzucker sowie Limettensaft zufügen. Zum Kochen bringen und ab dem Siedepunkt unter ständigem Rühren 4 - 5 Minuten sprudelnd kochen lassen.

Topf von der Kochstelle nehmen. Heiße Marmelade in saubere Gläser füllen, verschließen und diese dann direkt auf den Kopf stellen. Bis zum Verzehr die Gläser auf dem Kopf stehen lassen.

Pflaume-Ananas

Zutaten:

- 1 kg Pflaumen
- 1 kg Ananas
- 100 ml Ananassaft
- 1 kg Gelierzucker 2:1
- ½ TL Zimt

Zubereitung.

Pflaumen waschen, halbieren und die Kerne entfernen. Den Strunk, Boden und die Schale der Ananas entfernen. Dann in Stücke schneiden. Das Obst zusammen in einer Küchenmaschine pürieren.

Die Fruchtmasse in einen hohen Topf geben und Gelierzucker, Zimt sowie Ananassaft zufügen. Zum Kochen bringen und ab dem Siedepunkt unter ständigem Rühren 4 - 5 Minuten sprudelnd kochen lassen.

Topf von der Kochstelle nehmen. Heiße Marmelade in saubere Gläser füllen, verschließen und diese dann direkt auf den Kopf stellen. Bis zum Verzehr die Gläser auf dem Kopf stehen lassen.

Süßkirsche-Kürbis

Zutaten:
- 1 kg Süßkirschen
- 1 kg Kürbis (Hokkaido)
- 1 kg Gelierzucker 2:1
- 200 ml Kirschsaft
- 1 - 2 Prisen Ingwerpulver

Zubereitung:
Kirschen waschen und entsteinen. Den Kürbis schälen, halbieren, die Kerne entfernen und den Kürbis dann in Stücke schneiden. Kürbisstücke in einem Topf mit etwas Wasser ca. 10 Minuten dünsten. Dann zusammen mit den Kirschen in einer Küchenmaschine pürieren.

Die Fruchtmasse in einen hohen Topf geben und Gelierzucker, Kirschsaft sowie Ingwerpulver zufügen. Zum Kochen bringen und ab dem Siedepunkt unter ständigem Rühren 4 - 5 Minuten sprudelnd kochen lassen.

Topf von der Kochstelle nehmen. Heiße Marmelade in saubere Gläser füllen, verschließen und diese dann direkt auf den Kopf (stellen. Bis zum Verzehr die Gläser auf dem Kopf stehen lassen.

Sauerkirsche-Preiselbeere-Zimt

Zutaten:

- 1 kg Sauerkirschen (Glas)
- 1 kg Preiselbeeren (Glas)
- 1 kg Gelierzucker 2:1
- 100 ml Orangensaft
- 1 TL Zimt

Zubereitung:

Sauerkirschen und Preiselbeeren in einem Sieb abtropfen lassen. Dann zusammen in einer Küchenmaschine pürieren.

Die Fruchtmasse in einen hohen Topf geben und Gelierzucker, Orangensaft sowie Zimt zufügen. Zum Kochen bringen und ab dem Siedepunkt unter ständigem Rühren 4 - 5 Minuten sprudelnd kochen lassen.

Topf von der Kochstelle nehmen. Heiße Marmelade in saubere Gläser füllen, verschließen und diese dann direkt auf den Kopf stellen. Bis zum Verzehr die Gläser auf dem Kopf stehen lassen.

Himbeere-Marzipan

Zutaten:

- 1200 g Himbeeren
- 200 g Marzipankartoffeln
- 600 ml Orangensaft mit Fruchtfleisch
- 1 kg Gelierzucker 2:1
- ½ TL Lebkuchengewürz
- 1 TL Kardamom
- ½ TL Zimt

Zubereitung:

Himbeeren waschen. Marzipankartoffeln zerdrücken. Dann zusammen in einer Küchenmaschine pürieren.

Die Fruchtmasse in einen hohen Topf geben und Gelierzucker, Orangensaft, Kardamom, Zimt sowie Lebkuchengewürz zufügen. Zum Kochen bringen und ab dem Siedepunkt unter ständigem Rühren 4 - 5 Minuten sprudelnd kochen lassen.

Topf von der Kochstelle nehmen. Heiße Marmelade in saubere Gläser füllen, verschließen und diese dann direkt auf den Kopf stellen. Bis zum Verzehr die Gläser auf dem Kopf stehen lassen.

Granatapfelkerne-Ananas-Zimt

Zutaten:

- 1 kg Granatapfelkerne (Glas)
- 1 kg Ananas
- 1 kg Gelierzucker 2:1
- ½ TL Zimt

Zubereitung:

Granatapfelkerne in einem Sieb abtropfen lassen. Dabei etwas Saft auffangen.

Den Strunk, Boden und die Schale der Ananas entfernen. Dann in Stücke schneiden. Dann das Obst zusammen in einer Küchenmaschine pürieren.

Die Masse in einen hohen Topf geben und Gelierzucker, Granatapfelsaft und Zimt zufügen. Zum Kochen bringen und ab dem Siedepunkt unter ständigem Rühren 4 - 5 Minuten sprudelnd kochen lassen.

Topf von der Kochstelle nehmen. Heiße Marmelade in saubere Gläser füllen, verschließen und diese dann direkt auf den Kopf stellen. Bis zum Verzehr die Gläser auf dem Kopf stehen lassen.

Sauerkirsche-Aprikose

Zutaten:

- 1 kg entsteinte Sauerkirschen (Glas)
- 1 kg frische Aprikosen
- 1 kg Gelierzucker 2:1
- 100 g weiße Schokolade

Zubereitung:

Weiße Schokolade fein raspeln.

Sauerkirschen in einem Sieb abtropfen lassen. Dabei etwas Saft auffangen. Aprikosen waschen, halbieren und die Kerne entfernen. Dann das Obst zusammen in einer Küchenmaschine pürieren.

Die Fruchtmasse in einen hohen Topf geben und Gelierzucker, Schokolade sowie Kirschsaft zufügen. Zum Kochen bringen und ab dem Siedepunkt unter ständigem Rühren 4 - 5 Minuten sprudelnd kochen lassen.

Topf von der Kochstelle nehmen. Heiße Marmelade in saubere Gläser füllen, verschließen und diese dann direkt auf den Kopf stellen. Bis zum Verzehr die Gläser auf dem Kopf stehen lassen.

Pflaume-Lebkuchengewürz-Zimt

Zutaten:

- 2 kg Pflaumen
- Saft von 2 Limetten
- 1 kg Gelierzucker 2:1
- ½ TL Lebkuchengewürz
- ½ TL Zimt

Zubereitung:

Pflaumen waschen, halbieren und die Kerne entfernen. Dann in einer Küchenmaschine pürieren.

Die Fruchtmasse in einen hohen Topf geben und Gelierzucker, Limettensaft, Lebkuchengewürz sowie Zimt zufügen. Zum Kochen bringen und ab dem Siedepunkt unter ständigem Rühren 4 - 5 Minuten sprudelnd kochen lassen.

Topf von der Kochstelle nehmen. Heiße Marmelade in saubere Gläser füllen, verschließen und diese dann direkt auf den Kopf stellen. Bis zum Verzehr die Gläser auf dem Kopf stehen lassen.

Kiwi-Erdbeere-Pfefferminze

Zutaten:
- 1 kg Kiwis
- 1 kg Erdbeeren
- 1 Zweig Pfefferminze
- 1 kg Gelierzucker 2:1
- Saft einer Zitrone

Zubereitung:
Kiwis schälen und in Stücke schneiden. Erdbeeren waschen und putzen. Das Obst zusammen in einer Küchenmaschine pürieren.

Die Fruchtmasse in einen hohen Topf geben und Gelierzucker, Pfefferminze sowie Zitronensaft zufügen. Zum Kochen bringen und ab dem Siedepunkt unter ständigem Rühren 4 - 5 Minuten sprudelnd kochen lassen.

Topf von der Kochstelle nehmen und die Pfefferminze entfernen. Heiße Marmelade in saubere Gläser füllen, verschließen und diese dann direkt auf den Kopf stellen. Bis zum Verzehr die Gläser auf dem Kopf stehen lassen.

Zuckerarm

Zucker lauert fast überall. Es geht auch nicht darum, Zucker komplett aus der Ernährung zu verbannen, aber besonders der Industriezucker/raffinierte Zucker ist nicht gut für unsere Gesundheit. Aber es gibt genug Alternativen, womit man ihn ersetzen oder umgehen kann. So ist auch ein süßer Genuss möglich, ohne sich Vorwürfe zu machen.

Joghurt-Himbeer-Dessert

Zutaten:
- 500 g Naturjoghurt
- 300 g Himbeeren
- 2 EL Agavendicksaft
- 4 EL Kokosraspeln
- 100 g Zartbitterschokolade 85%

Zubereitung:

Himbeeren waschen und pürieren.

Zartbitterschokolade fein raspeln.

Joghurt mit Agavendicksaft und Kokosraspeln vermengen. Dann in ein Glas füllen.

Himbeermus darauf verteilen und Schokoraspeln bestreuen.

Erdbeer-Dessert

Zutaten:

- 150 g Erdbeeren
- 200 g ungesüßten Sojajoghurt
- 2 EL Birkenzucker

Zubereitung:

Erdbeeren putzen und in Stücke schneiden.

¾ der Erdbeeren mit dem Sojajoghurt und Birkenzucker pürieren.

Die Hälfte des Erdbeerjoghurts in Gläser füllen. Nun die Hälfte der Erdbeerstücke darauf verteilen. Vorgang wiederholen.

Heidelbeer-Haferflocken-Dessert

Zutaten:
- 200 g Heidelbeeren
- 50 g Haferflocken
- 20 g Chiasamen
- 250 g Naturjoghurt
- 1 EL Ahornsirup

Zubereitung:
Heidelbeeren waschen.

Haferflocken und Chiasamen mischen.

Dann alle Zutaten miteinander vermengen und in Gläser füllen.

Quinoa-Birnen-Dessert

Zutaten:

- 160 g Quinoa
- 500 ml Milch
- 250 g ungesüßten Sojajoghurt
- 2 EL Ahornsirup
- 2 Birnen
- 100 g Zartbitterschokolade 85%

Zubereitung:

Quinoa mit Milch in einen Topf geben und aufkochen. Dann zugedeckt bei mittlerer Hitze so lange köcheln lassen, bis die gesamte Flüssigkeit aufgesogen ist.

Birnen schälen, halbieren, Kerngehäuse entfernen und das Fruchtfleisch grob pürieren. Dann zusammen mit Sojajoghurt und Ahornsirup verrühren.

Zartbitterschokolade fein raspeln.

Die Hälfte der Quinoamasse in Gläsern verteilen. Nun die Hälfte der Birnen-Joghurt-Masse darauf geben. Vorgang wiederholen.

Dessert mit Schokoraspeln bestreuen.

Erdbeerquark mit Sojaflocken

Zutaten:

- 200 g Erdbeeren
- 150 g Sojaflocken
- 250 g Magerquark
- 2 EL Agavendicksaft

Zubereitung:

Erdbeeren waschen, putzen und in kleine Stücke schneiden. Dann zusammen mit Quark und Agavendicksaft verrühren.

Quarkmasse in Gläser füllen und mit Sojaflocken bestreuen.

Warme Bananen-Pistazien-Bällchen

Zutaten:

- 250 g Milchreis
- 100 ml Milch
- 2 reife Bananen
- 50 g gehackte Pistazien
- 2 EL Ahornsirup
- 2 EL Butter

Zubereitung:

Milchreis mit der Milch nach Packungsangabe zubereiten.

Bananen schälen, zerdrücken und mit dem Milchreis und Pistazien vermischen.

Butter in einer Pfanne erhitzen. Aus der Masse kleine Bällchen formen und diese in der Butter etwas anbraten.

Bällchen auf Teller anrichten und mit Ahornsirup beträufeln. Warm verzehren.

Apfel-Küchlein

Zutaten:

- 200 g Vollkornmehl
- 2 EL Agavendicksaft
- 250 ml Milch
- 4 Eier
- 2 Äpfel
- 2 EL Butter

Zubereitung:

Vollkornmehl, Agavendicksaft, Milch und Eier zu einem glatten Teig verrühren.

Äpfel schälen, halbieren, das Kerngehäuse entfernen und das Fruchtfleisch in Würfel schneiden. Dann unter den Teig heben.

Butter in einer Pfanne erhitzen und nun portionsweise Küchlein darin ausbacken.

Beeren-Baguette

Zutaten:

- 200 g gemischte Beeren
- 1 Baguette (vom Vortag)
- 2 Eier
- 60 ml Milch
- 60 ml flüssige Sahne
- 1 EL Kokosblütenzucker
- 3 EL Butter

Zubereitung:

Beeren putzen, waschen und trockentupfen.

Baguette in Scheiben schneiden.

Eier in einem tiefen Teller aufschlagen. Milch, Sahne und Kokosblütenzucker in einem zweiten tiefen Teller verrühren.

Baguettescheiben zuerst in der Milch, dann im Ei wenden.

Butter in einer Pfanne erhitzen und die Baguettescheiben darin von jeder Seite hellbraun braten.

Baguettescheiben auf Teller legen, mit den Beeren belegen und warm servieren.

Bananen-Plätzchen

Zutaten:

- 2 reife Bananen
- 150 g Kokosflocken
- 1 EL Agavendicksaft

Zubereitung:

Bananen schälen. Dann zusammen mit den Kokosflocken in einer Küchenmaschine zu einem glatten Teig verarbeiten. Nun den Agavendicksaft unterheben.

Den Teig zu kleinen Kugeln formen, diese leicht platt drücken und auf ein mit Backpapier ausgelegtes Backblech geben.

Im vorgeheizten Backofen bei 170 Grad etwa 15 Minuten backen. Die Backzeit kann je nach Ofentyp etwas variieren.

Vor dem Verzehr richtig auskühlen lassen.

Apfelmus-Haferflocken-Plätzchen

Zutaten:

- 100 g ungesüßtes Apfelmus
- 1 EL Kokosblütenzucker
- 120 g Haferflocken
- 50 g Zartbitterschokolade 85%

Zubereitung:

Apfelmus, Kokosblütenzucker und Haferflocken zu einem Teig vermengen.

Zartbitterschokolade fein raspeln und zu dem Teig geben.

Aus dem Teig kleine Kugeln formen, diese leicht platt drücken und auf ein mit Backpapier ausgelegtes Backblech geben.

Im vorgeheizten Backofen bei 180 Grad etwa 15 - 20 Minuten backen. Die Backzeit kann je nach Ofentyp etwas variieren.

Vor dem Verzehr richtig auskühlen lassen.

Honig-Plätzchen

Zutaten:

- 100 g Sesam
- 175 g Butter
- 150 g Vollkornmehl
- 150 g flüssiger Honig
- 1 Prise Salz

Zubereitung:

Sesam in einer Pfanne ohne Zugabe von Fett rösten. Abkühlen lassen.

Die restlichen Zutaten zu einem Teig verrühren. Zum Schluss den Sesam unterheben.

Aus dem Teig walnussgroße Kugeln formen, diese leicht platt drücken und auf ein mit Backpapier ausgelegtes Backblech geben.

Im vorgeheizten Backofen bei 150 Grad etwa 15 - 20 Minuten backen lassen. Die Backzeit kann je nach Ofentyp etwas variieren.

Vor dem Verzehr richtig auskühlen lassen.

Mandarin-Orangen-Muffins

Zutaten:

- 100 g Mandarin-Orangen ohne Zucker (Dose)
- 150 g Vollkornmehl
- 1 TL Backpulver
- 1 Prise Salz
- 200 ml Milch
- 100 g flüssige Butter
- 2 EL Zuckerrübensirup
- 100 g Zartbitterschokolade 85%
- Muffinförmchen

Zubereitung:

Mandarin-Orangen in einem Sieb abtropfen lassen. Dann mit Küchenpapier trocken tupfen und in Stücke schneiden.

Zartbitterschokolade fein raspeln.

Vollkornmehl, Backpulver, Salz, Milch, Butter und Zuckerrübensirup zu einem Teig verrühren. Nun die Mandarin-Orangen und Zartbitterschokolade unterheben.

Teig in Muffinförmchen füllen und im vorgeheizten Backofen bei 200 Grad etwa 15 - 20 Minuten backen. Die Backzeit kann je nach Ofentyp etwas variieren.

Vor dem Verzehr richtig auskühlen lassen.

Apfelmus-Muffins

Zutaten:

- 1 reife Banane
- 1 Ei
- 300 ml Milch
- 3 EL flüssiger Honig
- 250 g Hirseflocken
- 100 g Kokosraspeln
- 250 g ungesüßtes Apfelmus
- 1 Tütchen Backpulver
- 1 Prise Salz
- Muffinförmchen

Zubereitung:

Ei, Milch, Honig, Hirseflocken, Apfelmus, Backpulver, Kokosflocken und Salz zu einem Teig verrühren.

Banane schälen zerdrücken und unter den Teig heben.

Teig in Muffinförmchen füllen und im vorgeheizten Backofen bei 150 Grad etwa 20 - 25 Minuten backen. Die Backzeit kann je nach Ofentyp etwas variieren.

Vor dem Verzehr richtig auskühlen lassen.

Rezeptidee aus
„Nepomucks und Finns Backstube"

Buchbeschreibung:
Willkommen in Nepomucks und Finns Backstube.
Liebt Ihr Kekse und Plätzchen genauso wie Nepomuck und Finn? Und könnt Ihr nicht genug davon bekommen, wenn durch das Haus oder die Wohnung der herrliche Geruch von frischem Gebäck zieht? Mmmh da läuft einem doch gleich das Wasser im Mund zusammen.
Wenn das bei Euch auch so ist, ist dieses Buch genau das richtige. Hier findet Ihr Rezepte für die ganze Familie, für Geburtstage, Feiern oder einfach nur, um Euch selbst zu verwöhnen. Naschereien schmecken schließlich immer.
Nepomuck und Finn wünschen viel Spaß beim Nachbacken und Guten Appetit!

Produktinformation
Herausgeber: BoD – Books on Demand
Sprache: Deutsch
Taschenbuch: 88 Seiten
ISBN-10: 3754373587
ISBN-13: 978-3754373583
Auch als E-Book erhältlich!

Bunte Koboldkugeln

Zutaten:
- 350 g Mehl
- 350 g Butter
- 350 g Zucker
- 6 Eier
- 1 Päckchen Vanillezucker
- 1 Päckchen Backpulver
- 1 EL Zitronensaft
- 200 g Philadelphia
- 1 Becher Schmand
- 200 g Vollmilchschokolade
- 200 g weiße Schokolade
- bunte Zuckerstreusel
- Kokosraspeln
- Schaschlik Spieße

Zubereitung:
Butter, Zucker, Mehl, Eier, Vanillezucker, Backpulver und Zitronensaft zu einem Teig verrühren. Auf ein mit Backpapier ausgelegtes Backblech streichen.

Im vorgeheizten Backofen bei 175 Grad ca. 20 Minuten backen. Die Backzeit kann je nach Ofentyp etwas variieren.

Den Blechkuchen auskühlen lassen und ganz fein in eine Schüssel krümeln. Philadelphia und Schmand unter die Kuchenkrümel kneten, bis eine feste Masse entsteht.

Den Teig in der Hand zu 25 g schweren Kugeln rollen und über Nacht im Kühlschrank aufbewahren.

Die Schokolade schmelzen. Die Spitzen der Schaschlik Spieße in die Mitte der Kugeln stecken. Dann die aufgespießten Kugeln mit der

Schokolade überziehen und mit Zuckerstreuseln und Kokosraspeln verzieren.

Die Kugeln abtropfen lassen, auf Steckmoos oder in Styropor stecken und mindestens 3 Stunden in den Kühlschrank stellen.

Autorenprofil

Britta Kummer wurde 1970 in Hagen (NRW) geboren. Heute lebt sie im schönen Ennepetal und ist gelernte Versicherungskauffrau.

Die Freude am Schreiben hat sie im Jahre 2007 entdeckt und seit dieser Zeit bestimmt es ihr Leben. Es macht ihr einfach großen Spaß, sich auf diese Art und Weise auszudrücken.

Erst wurden ihre Werke im Bekanntenkreis herumgereicht und die Resonanz darauf war sehr positiv.

Es dauerte nicht lange und schon hielt sie ihr 1. Buch "Willkommen zu Hause, Amy" in Händen. Dieses Buch wurde im Januar 2016 mit dem Daisy Book Award ausgezeichnet. Der Kärntner Lesekreis "Lesefuchs" vergibt in unregelmäßigen Abständen diese Auszeichnung für gute Kinder- und Jugendliteratur.

Weitere Informationen finden Sie unter:
http://brittasbuecher.jimdofree.com/

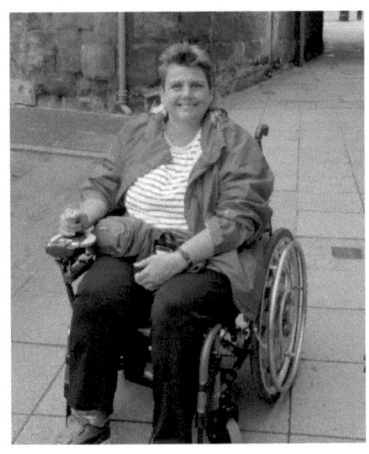

Bücher der Autorin

Nepomucks und Finns Backstube, ISBN: 978-3-7543-7358-3
Nepomuck und Finn: Mission Umweltschutz, ISBN: 978-3-7519-9747-8
Ostern mit Nepomuck und Finn, ISBN: 978-3-7504-0772-5
Weihnachten mit Nepomuck und Finn, ISBN: 978-3-7448-9014-4
Neue Abenteuer mit Nepomuck und Finn, ISBN: 978-3-7494-5428-0
Pferde erzählen, ISBN: 978-3-9611-1618-8
Zac und der geheime Auftrag, ISBN: 978-3-9611-1668-3
Willkommen zu Hause, Amy, 978-3-9611-1705-5
Die Abenteuer des kleinen Finn - eine spannende Mäusegeschichte für die ganze Familie, ISBN: 978-3-7534-9967-3
Kummers Kindergeschichten, ISBN: 978-3-7386-0100-8
Kummers Kindergeschichten 2, ISBN: 978-3-7392-3824-1
Kleine Mutmachgeschichten, ISBN: 978-3-9030-5644-2
Gedankenkarussell – Eine literarische Reise, ISBN: 978-3-7392-4553-9
Mein Leben mit MS, ISBN: 978-3-9030-5642-8
Mein Leben mit MS 2, ISBN: 978-3-9654-4078-4
Weihnachtsgeschichten … und noch mehr, ISBN: 978-3-7386-4553-8
Gut geschmiert in den Tag: Brittas und Edes Marmeladengenuss, ISBN: 978-3-7481-2597-6
Das Marmeladenbüchlein, ISBN: 978-3-9611-1212-8
Vegetarisches Grillvergnügen – so einfach geht's, ISBN: 978-3-7526-8395-0
Köstlich vegetarisch - Meine Lieblingsgerichte ISBN: 978-3-7519-9382-1
Vegetarisch für die ganze Familie, ISBN: 978-3-7448-9344-2
Kummers Suppentöpfchen, ISBN: 978-3-7386-1124-3
Kummers Ofengerichte, ISBN: 978-3-7431-4125-4
Kummers Schlemmerkochbuch - das etwas andere Kochbuch!, ISBN: 978-3-7534-4391-1
Vegetarische Weltreise, ISBN: 978-3-7528-3915-9
Vegetarischer Genuss - Quer Beet, ISBN: 978-3-7481-6766-2
Vegetarisch für Jedermann [Kindle Edition], ASIN: B079YGP512
LIES MICH ! - Leseproben aus tollen Kinderbüchern [Kindle Edition], ASIN: B096YZ5VDN

Danke

Der größte Dank geht an meine Eltern, weil sie immer für mich der Fels in der Brandung sind und mir helfen, all meine Höhen und Tiefen zu überwinden.

An meine Freunde, die immer da sind, wenn ich mal eine starke Schulter zum Anlehnen, zum Zuhören, zum Trösten, zum Weinen, aber auch zum Lachen, brauche.

An meine Autorenfreunde
Heidi Dahlsen
http://autorin-heidi-dahlsen.jimdofree.com/

Christine Erdiç
http://christineerdic.jimdofree.com/
http://literatur-reisetipps.blogspot.de/

Renate Anna Becker für die tollen Illustrationen in diesem Buch.
https://www.markus-und-reni.de/